D0216244

WITHDRAWN

Pertenecer
a la tierra

Belonging
to the land

La vida en las
comunidades del
Chaco salteño

Life in the
communities of the
Chaco region of Salta

PABLO LASANSKY

IWGIA

Para Mirta y Tomás

Pertenecer a la tierra
Belonging to the land

La vida en las comunidades del Chaco salteño
Life in the communities of the Chaco region of Salta.

Copyright: Pablo Lasansky - IWGIA - Lhaka Honhat, 2004

Diseño / Design: Gustavo Lo Valvo

Traducción al inglés / Translation into English: Cathy Ross/Elaine Bolton

Impresión / Printing: laestampa@ciudad.com.ar

Copias / Copies: Carola Brie

Paperback ISBN: 87-91563-00-3
Hardcover ISBN: 87-91563-01-1

Esta publicación ha sido posible gracias al apoyo de los Ministerios de Relaciones
Exteriores de Dinamarca y Finlandia

This publication was made possible through the support of the Foreign Affairs
Ministries of Denmark and Finland.

Hecho el depósito que previene la ley 11.723

Asociación de Comunidades
Aborígenes Lhaka Honhat
Santa Victoria Este
CP A 4561 XAM
Salta, Argentina
TLF: (+54) 03875-490129

Grupo Internacional de Trabajo sobre
Asuntos Indígenas
Classensgade 11 E, DK 2100
Copenhague, Dinamarca
TLF: (+45) 35 27 05 00
FAX: (+45) 35 27 05 07
e-mail: iwgia@iwgia.org
www.iwgia.org

"En realidad esta tierra no nos pertenece, nosotros pertenecemos a ella"

"This land does not really belong to us; rather, we belong to the land"

Nosotros somos indígenas que vivimos en el extremo norte de la provincia de Salta, en el Chaco semiárido, en total somos 6.500 habitantes. Vivimos en comunidades a la orilla del río Pilcomayo y en el monte.

Nuestras costumbres no están perdidas: pescamos en el río y las lagunas, recolectamos frutos y miel silvestres en el monte. Nuestras mujeres hacen hilo de chaguar para tejer y los hombres fabrican artesanías con madera de palo santo.

Cuando yo era joven las tierras eran muy lindas y la comida no nos faltaba: había muchos

Francisco Pérez
Coordinador Asociación
de Comunidades Aborígenes
Lhaka Honhat
Coordinator of the Association
of Aboriginal Communities
Lhaka Honhat

We are indigenous people who live in the far north of Salta Province, in the semi-arid Chaco. In all we number 6,500 inhabitants. We live in communities along the banks of the river Pilcomayo and in the bush.

We have not lost our traditions: we fish in the rivers and lakes, we collect wild fruits and honey in the countryside. Our women make thread from the chaguar plant to weave cloth and the men make handicrafts with the wood of the palo santo.

When I was young, the lands were bountiful and we had plenty to eat: there were

Prólogo

animalitos del monte y frutos de algarrobo. Tampoco teníamos problemas de agua, porque había lagunas y represas naturales que se llenaban en el verano. También practicábamos la agricultura tradicional.

Antes no había vacunos ni cabras. Pero hoy hay muchos sueltos por el monte comiendo los frutos y tomando el agua, y cuando sembramos entran en nuestros cercos y se comen todas las plantas antes de que crezcan.

Estos animales llegaron hace como noventa años con los colonos criollos. Ellos hacen alambrados y no dejan que uno entre para cazar, pescar o buscar frutas. Hay mucha mortalidad infantil y muchos desnutridos, porque si uno no puede salir a cazar, ¿qué puede hacer? No tenemos plata para comprar comida en el almacén; si ellos no nos dejan entrar, estamos listos porque no hay otra vida.

En 1991 hicimos la historia de todos los lugares que ocupamos desde antiguo y nos dimos cuenta de que se perdió mucha riqueza de la tierra. Por eso pensamos que si no frenamos a los animales, esto va a ser un desierto.

En el fondo los criollos tienen su forma de vida y nosotros la nuestra, por eso el cazador se choca con el ganadero. Pero no queremos pelear con ellos. Cuando pedimos el título de la tierra no decimos que ellos no tienen derecho. Nosotros decimos que ellos necesitan tener su tierra, para estar tranquilos y desarrollar su forma de vida; pero se tiene que encontrar otro lugar para sus animales.

Para nosotros es importante mostrarles a ustedes estas fotos para que conozcan cómo vivimos, así podrán apoyar nuestra lucha para que el gobierno comprenda que estamos pidiendo las tierras que nos dan la vida.

Prologue

small animals in the bush, there were the fruits of the carob. And we didn't have any problems with water, because there were lakes and natural dams that filled every summer. The agriculture we practised was a traditional form.

There were no cows or goats then. But now they wander freely all over the countryside, eating the wild fruits and drinking the water. And when we sow, they cross into our fields and eat all the plants before they've even had a chance to grow.

These animals arrived around ninety years ago with the criollo settlers. They put up fences and stopped us entering to hunt, fish or gather fruits. Infant mortality is very high now and many people suffer from malnutrition because, well, if you can't go out and hunt, what can you do? We don't have money to go and buy food in the shops. So if they don't allow us onto the land, we're finished, because we have no other life.

In 1991, we took stock of the lands we had occupied since olden times and realised that they had lost much of their wealth. So, then we thought, if we don't stop the animals, the area will turn into a desert.

The criollos have their way of life and we have ours, and so the hunter will always clash with the farmer. But we don't want a fight with them. By asking for the title to our land we are not saying they have no rights. We know they need land, to live peacefully and carry on their own way of life. But they have to find somewhere else for their animals.

It is important for us to be able to show you these photos so that you can see the way in which we live. Then you will be able to support our struggle to make the government understand that what we are asking for are the lands that give us life.

Introducción

Morita Carrasco,
antropóloga

La región del Chaco ha sido, desde los tiempos de la conquista, un lugar de atracción y rechazo al mismo tiempo. Atracción por los misterios que oculta el monte, rechazo por la pobreza de sus tierras duras.

Este libro cuenta otra historia. La historia que la gente indígena del Chaco está escribiendo en ese paisaje; sus cuerpos, miradas y sonrisas, muestran más alegría que indigencia. Mirarlos es, sin duda, participar del misterioso mundo de la vida.

Una vida plena de contradicciones y mezclas pero una vida que vale la pena vivirse. Abramos, entonces, nuestros ojos para ver lo que esta historia nos invita a conocer.

Recostado sobre la margen derecha del río Pilcomayo, en la provincia de Salta, (Argentina), se encuentra el "lote fiscal 55"; una extensa superficie de casi 240.000 has que, en forma de rectángulo, se acomoda entre la provincia de Formosa, al este, y las repúblicas de Paraguay y Bolivia, al norte.

Ambientalmente se trata de una zona castigada y devastada por la presencia de ganado errante que pastorea a cielo abierto y la codicia de quienes talan indiscriminadamente el bosque nativo.

Desde tiempos inmemoriales viven allí cazadores, pescadores, recolectores: wichí, chorote (iyojwaja), chulupí (nivacklé), toba (qom) y tapiete (tapi'y); son pueblos indígenas, originarios del lugar, que han sabido mantenerse por generaciones en medio de intensos procesos de cambio. Hace algo más de cien años llegaron hasta sus tierras ganaderos sureños en busca de pastizales para sus animales; al comienzo la convivencia fue pacífica pero, más temprano que tarde, el paisaje cambió y la convivencia se transformó en competencia por los recursos naturales: agua, plantas y animales silvestres. Entonces, sobrevino la miseria para unos y para otros, y, cada tanto, la violencia.

Entre 1932 y 1935 el silencio montaraz fue quebrado por las balas: bolivianos y paraguayos se enfrentaron por el petróleo en la Guerra del Chaco.

Después llegaron los misioneros (llegó "la palabra de Dios") y el espacio amplio y vacío del comienzo se convirtió en ese patrón de asentamiento que es hoy característico de las zonas rurales del Chaco: comunidades indígenas, puestos ganaderos de familias criollas, misiones religiosas y municipios.

En los años ochenta "la política entró" a la zona: algunas áreas se urbanizaron, los políticos hicieron promesas y los indígenas presentaron sus demandas. Entre éstas, la más tenaz: la propiedad de esas tierras a las que pertenecen, pero sobre las cuales no poseen título legal. Al principio no sabían lo que es un título de propiedad, pero tenían experiencia, por su contacto con los vecinos criollos, de que el que tiene título, a la larga, acaba mezquinando. Y esto, reflexionaron los líderes, sería grave para su forma de vida: "Si alguno de nosotros tiene título de un pedazo de tierra ¿qué va a hacer cuando no haya nada en su lugar?, ¿a dónde va a ir a buscar su comida? Nadie le va a querer dar". Al mismo tiempo, pensaban: "necesitamos tener título para defender nuestro lugar, para defender nuestra forma de vida". Entonces dijeron: "queremos el título, sí, pero no lo queremos de la manera que ustedes nos lo quieren dar". "Queremos un solo título para todos, así nadie mezquina. Queremos el título de un terreno grande donde podamos vivir con todos nuestros hijos y nietos, como siempre hemos vivido. Un terreno grande donde podamos movernos con libertad, de un lugar a otro, para visitar a nuestros parientes y compartir con ellos el alimento que nos dan el río y el monte. No estamos en contra del progreso, no. Pero queremos conservar nuestras costumbres."

Este fue el comienzo de una lucha intensa e imparable por la defensa de un estilo de vida, donde cada cual conoce sus responsabilidades para con el conjunto y, simultáneamente, dispone de una extensa autonomía y libertad personal.

Para conseguirlo, en 1992 unas 27 comunidades crearon la organización Lhaka Honhat, que en idioma wichí significa "nuestra tierra". Sus objetivos son la obtención del título de propiedad y la recuperación del medio ambiente; no los anima una ideología conservacionista; la pretensión de un título único es mucho más que una respuesta ecológica a una situación de colapso ambiental, es el resultado de una reflexión inteligente, largamente meditada para hacer frente a un proyecto que destruiría su modo de ser en el mundo.

No se cierran a los conocimientos y estilos culturales que llegan de afuera, pero están resueltos a no dejarse arrastrar por ellos. Anhelan vivir de acuerdo con sus tradiciones, adoptando de la cultura de los otros lo que puede servirles; pero quieren decidir por sí mismos qué cosas cambiar y hasta dónde. Por eso piden el título de "sus tierras", en las que habitan desde tiempos ancestrales, de esta manera y no de otra.

En 1991 el Estado salteño se comprometió a entregarles un título único para todos, pero nunca cumplió. Por eso, en 1995 demandaron judicialmente a la provincia por la construcción, en terrenos de una comunidad, del puente internacional Misión La Paz-Pozo Hondo; agotadas las instancias judiciales internas en la Corte Suprema de la Nación, acudieron a la Organización de Estados Americanos para denunciar al Estado Argentino ante la Comisión Interamericana de Derechos Humanos por la violación de sus derechos como pueblos indígenas.

En estos días, mientras sobreviven combinando algo de caza menor con recolección de frutos silvestres, pesca, cultivo estacional, venta de artesanías y subsidios estatales, la lucha continúa en un proceso de "solución amistosa" entre ellos y los Estados nacional y provincial bajo la mirada vigilante de la Comisión Interamericana.

Así, desde el fondo del paisaje chaqueño, han llegado hasta nosotros para hacernos oír su reclamo. Escuchémoslos bien: no piden caridad, sino respeto.

Introduction

MORITA CARRASCO,
anthropologist

Since the time of the Spanish conquest, the Chaco region has been a place of both attraction and repulsion. Attraction for the mysteries its wilderness conceals, repulsion for the poverty of its dry, hard lands.

This book tells another story. A story being written from within that landscape by the indigenous peoples of the Chaco themselves. It is one of happiness rather than poverty, as seen through their bodies, their looks, their smiles. Just to look at them is to participate in the mysteries of life itself. A life of contradictions and combinations, yes, but a life worth living. Let's take a look, then, at what this story has to offer.

Nestled on the right bank of the Pilcomayo River, in Salta Province (Argentina) stands "State Plot 55," a large rectangular plot of almost 240,000 hectares, tucked between Formosa Province to the east and the Republics of Paraguay and Bolivia to the north. Environmentally, the zone has been devastated both by the presence of wandering cattle left to graze freely and by the greed of those who indiscriminately log the native forests.

Since time immemorial, hunters, gatherers and fishermen have lived here: Wichí, Chorote (iyojwaja), Chulupí (nivacklé), Toba (qom) and Tapiete (tapi'y). They are indigenous peoples, native to the area, who have been able to live for generations amidst intense change. Around a hundred years ago, cattle ranchers arrived from the south in search of pasture for their animals. At first, they lived side by side in harmony but the landscape soon changed and peaceful coexistence turned into competition for natural resources: water, plants and wild animals. And so poverty became a reality for many and, every once in a while, violence would erupt.

From 1932 to 1935, the uneasy silence was shattered by bullets: Bolivians and Paraguayans clashing over oil in the Chaco War.

Then came the missionaries (bringing "the word of God") and the settlement pattern that today characterises rural Chaco thus came to transform this wide and empty space: indigenous communities, mestizo cattle ranchers, religious missions and municipalities.

In the 1980s "politics entered" the region: some areas became urbanized, politicians made promises and the indigenous peoples put forward their demands. The most deeply felt of these was the property right to lands that belonged to them but for which they held no legal title. At first, they did not even know what a property title was but the experience of their mestizo neighbours soon showed that land titles only led, in the end, to petty-minded self-interest.

And this, the leaders reflected, would be a serious threat to their way of life: "If one of us holds the title to a parcel of land, what will he do when that land is exhausted? Where will he go to find food? No-one will want to provide for him." And yet, at the same time, they thought: "We need a title in order to defend our homes, to defend our way of life." So, they decided: "We want the title to our land but not in the form in which you want to give it to us. We want one communal title for all; this way no one will end up having to fight for his own self-interest.

We want the title to a large area in which we can live, with all our children and grandchildren, as we have always lived. A large area in which we can move freely from one place to another, visiting our relatives and sharing with them the food that the river and forest provide. We are not against progress but we do want to preserve our customs".

This was the start of an intense and sustained struggle to defend a way of life in which responsibilities toward the group are accepted along with a vast amount of personal freedom and autonomy.

To this end, in 1992, some 27 communities created the organization Lhaka Honhat, which means "our land" in the Wichí language. Their aim is to obtain the property title to their lands and to rehabilitate the natural environment. Their underlying motivation does not stem from a conservationist ideology. The desire for a single land title is much more than an ecological response to a situation of environmental disaster: it is the product of an intelligent and carefully taken decision to face up to the tendencies that would eventually destroy their way of life.

Their minds are not closed to outside knowledge and cultures but they are determined to prevent themselves from being swept along by such things. Their greatest desire is to live according to their traditions, adopting from other cultures anything that may be of use to them but deciding for themselves in what way things should change and how. This is why they are seeking the title to "their lands", lands on which they have lived in this way and no other, since time immemorial.

In 1991, the Salta authorities agreed to grant a single communal title to them. This commitment, however, has never been fulfilled. For this reason, in 1995, the organization brought a legal suit against the province for construction of the Misión La Paz - Pozo Hondo international bridge on community lands. Once all internal legal avenues had been exhausted, including the National Supreme Court, they approached the Inter-American Court of Human Rights of the Organization of American States to denounce the Argentine state for violation of their rights as indigenous peoples.

As they continue to survive through hunting and gathering, fishing, seasonal agriculture, the sale of handicrafts and State subsidies, the struggle thus continues by means of a process of "amicable solution", set up between the indigenous peoples and the national and provincial governments under the watchful eye of the Inter-American Commission.

And now they are reaching out to us from the depths of the Chaco landscape, so that we might hear their demands. We should listen carefully, for what they are calling for is not charity but respect.

Buscando agua.
Comunidad Santa María.

Looking for water.
Santa María community

Caminando por la costa del río
Pilcomayo.

*Walking along the banks of the
river Pilcomayo*

Niños jugando en el río.
Comunidad San Luis.

Children playing in the river.
San Luis community

Mujer Wichí.
Comunidad Santa María.

Wichí woman.
Santa María community

Mujeres lavando ropa.
Comunidad La Merced Vieja.

Women washing clothes.
La Merced Vieja community

Llevando leña.
Comunidad Techuk.

Fetching firewood.
Techuk community

Fin de un día de pesca.

The end of a day's fishing

Pozo de agua.
Comunidad Santa María.

A well.
Santa María community

Cantando en soledad.
Comunidad Santa María.

Singing alone.
Santa María community

Manos preparando tejido.
Comunidad Cañaveral.

Hands preparing fabric.
Cañaveral community

Tejiendo chaguar.
Comunidad San Bernardo.

Weaving chaguar.
San Bernardo community

Construyendo el techo.
Comunidad La Puntana.

Building the roof.
La Puntana community

Celebrando el culto en lengua
wichí.

Religious service in the wichí
language

Pescando con lanza.

Fishing with a spear

Corriendo por el camino.
Comunidad Pozo El Toro.

Running along the path.
Pozo El Toro community

Mujeres en el entierro del cacique.
Comunidad San Luis.

Women at the funeral of the chief.
San Luis community

El hermano del cacique en el
entierro.
Comunidad San Luis.

The chief's brother at his funeral.
San Luis community

Entierro.
Comunidad Pozo La China.

Funeral.
Pozo La China community

Buscando frutos en el monte.   Looking for fruit in the bush

Madre e hijo en la ventana.
Comunidad Santa María.

Mother and son at window.
Santa María community.

Agente sanitario pesa a un niño.
Comunidad La Curvita.

Health worker weighing a child.
La Curvita community

Mujer riendo.
Comunidad Santa María.

Woman laughing.
Santa María community

Niñas jugando.
Comunidad La Puntana.

Children playing.
La Puntana community

Niña hamacándose.
Comunidad La Gracia.

Girl swinging.
La Gracia community

Preparando una reunión.
Comunidad Santa María.

Preparing for a meeting.
Santa María community

Reunión en la iglesia de Alto de la Sierra.

Meeting in the Alto de la Sierra church

Niña mirando la reunión.
Comunidad Alto de la Sierra.

Girl watching the meeting.
Alto de la Sierra community

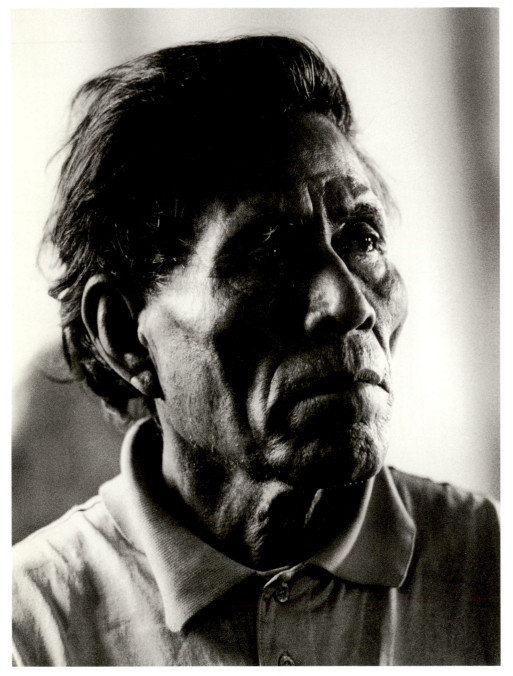

Escuchando en la reunión.
Comunidad Alto de la Sierra.

Listening at a meeting.
Alto de la Sierra community

Asamblea de Lhaka Honhat.
Comunidad La Gracia.

Lhaka Honhat Assembly.
La Gracia community

Buscando peces.
Comunidad Las Vertientes.

Looking for fish.
Las Vertientes community

Jugando a la hora de la siesta.
Comunidad Cañaveral.

Playing at siesta time.
Cañaveral community

David, cacique de la comunidad
Padre Coll.

David, chief of the Padre Coll
community

Llevando la red al río Pilcomayo.

Carrying the net to the river
Pilcomayo

Preparando las redes, cerca de
Pozo El Tigre.

Preparing nets, near
Pozo El Tigre

Día de pesca, cerca de
Pozo El Tigre.

Fishing day, near Pozo
El Tigre

Buscando frutos en el monte.   Looking for fruit in the bush

Fumando en un descanso.
Comunidad Santa María.

Smoking in a break.
Santa María community

Ganado muerto.   Dead cattle.
Comunidad La Estrella.   La Estrella community

Frente a su casa.
Comunidad San Bernardo.

In front of his house.
San Bernardo community

Mujeres conversando.
Comunidad de San Luis.

Women chatting.
San Luis community

Jugando con la chiva.
Comunidad Alto de la Sierra.

Playing with the goat.
Alto de la Sierra community

Caminando por el monte.   Walking in the bush

Cocinando pescado.
Comunidad La Estrella.

Cooking fish.
La Estrella community

Niños corriendo al atardecer.
Comunidad La Puntana.

Children running at dusk.
La Puntana community

Acerca de IWGIA

El Grupo Internacional de Trabajo sobre Asuntos Indígenas, IWGIA, es una organización internacional independiente. Su Secretariado Internacional se encuentra en la ciudad de Copenhague, Dinamarca.

Desde su fundación, en 1968, IWGIA ha acompañado a los pueblos indígenas de todo el mundo en su lucha por la autodeterminación, a través de sus publicaciones y programas de proyectos y derechos humanos.

IWGIA tiene entre sus prioridades, el apoyo al fortalecimiento de las organizaciones indígenas para que puedan ellas mismas demandar el cumplimiento de sus derechos. Es el caso de la Asociación de Comunidades Aborígenes Lhaka Honhat, a quien IWGIA viene acompañando, en el reclamo de su territorio tradicional apoyando dos proyectos clave.

Para sustentar su reclamo de tierras ante las autoridades nacionales, es necesario que la organización indígena elabore mapas que identifiquen las áreas donde habitan los indígenas y el uso que hacen de sus tierras para cazar, pescar y recolectar. Para ello, los técnicos indígenas utilizan equipos de medición satelital, GPS.

Pero también es importante que la organización cuente con infraestructura propia, y pueda disponer de recursos idóneos para capacitar a sus dirigentes y técnicos.

Para mayor información, dirigirse a las oficinas de IWGIA en Copenhague: *iwgia@iwgia.org* o a través de nuestra página web: *www. iwgia.org*

About IWGIA

The International Work Group for Indigenous Affairs (IWGIA) is an independent international organization whose International Secretariat is based in Copenhagen, Denmark.

Since it was founded in 1968, IWGIA has supported indigenous peoples around the world in their struggle for self-determination, through its publications, and projects and human rights programmes.

One of IWGIA's priorities is to support the capacity building of indigenous organizations so that they are in a better position to demand their rights for themselves. Such is the case of the Association of Aboriginal Communities, Lhaka Honhat, whose claim for recognition of its traditional territories IWGIA has been supporting by means of two key projects.

In order to present their land claim to the national authorities, the indigenous organisation has to produce maps identifying the areas in which their people live and showing how the land is being used for hunting, fishing and gathering. For this, the indigenous technicians use GPS equipment, a satellite measurement system.

But it is also important for the organisation to have its own infrastructure, and adequate resources with which to train its leaders and technicians.

For more information, please contact IWGIA's office in Copenhagen: *iwgia@iwgia.org* or visit our website: *www.iwgia.org*

Agradecimientos / Acknowledgements

Francisco Pérez
Rafael Montagna
Alejandro Parellada
Morita Carrasco
ASOCIANA (Acompañamiento Social de la
Iglesia Anglicana del Norte Argentino)
Eduardo Galeano
Eduardo Longoni
Guillermo Gallardo
Emilio Cartoy Díaz
María Mann
Pablo Corral Vega
Mayte Gualdoni
Ana Alvarez

Pobladores de las comunidades:
Alto de la Sierra
Cañaveral
La Curvita
La Estrella
La Gracia
La Merced Vieja
La Puntana
Las Vertientes
Padre Coll
Pozo El Tigre
Pozo El Toro
Pozo La China
San Bernardo
San Luis
Santa Maria

*Los viajes y el trabajo en las comunidades
fueron posibles gracias al apoyo de IWGIA.*

*Las fotografías fueron tomadas entre
septiembre de 2002 y octubre de 2003*

Francisco Pérez
Rafael Montagna
Alejandro Parellada
Morita Carrasco
ASOCIANA (Social Suppo
Anglican Church of the A
Eduardo Galeano
Eduardo Longoni
Guillermo Gallardo
Emilio Cartoy Díaz
María Mann
Pablo Corral Vega
Mayte Gualdoni
Ana Alvarez

Inhabitants of the communit
Alto de la Sierra
Cañaveral
La Curvita
La Estrella
La Gracia
La Merced Vieja
La Puntana
Las Vertientes
Padre Coll
Pozo El Tigre
Pozo El Toro
Pozo La China
San Bernardo
San Luis
Santa Maria

*Visits to and work in the co
sponsored by IWGIA*

*The photos were taken betw
and October 2003.*

Contenido / Content